इबारतें

इशिका नागपाल

Made with ❤ on the Notion Press Platform
www.notionpress.com

"और अंत में हम सब कहानियाँ बन जाएंगे... तुम अलग हो,
तुम कविता बनोगे।"

क्रम-सूची

प्रस्तावना

इशिका नागपाल, एक संवेदनशील और कल्पनाशील कवयित्री हैं, जिनकी लेखनी दिल की गहराइयों से निकलती है और पाठकों की रूह को छू जाती है। उनकी कविताओं में शब्द नहीं, एहसास बोलते हैं – वो भी अक्सर उन लम्हों के, जो कहे नहीं जाते, बस महसूस किए जाते हैं। इशिका की इबारतें चुप्पियों में छुपे राज़ों को उजागर करती हैं, और हर पंक्ति में एक अनकही कहानी साँस लेती है। इशिका की कविता किसी दस्तावेज़ की तरह नहीं, एक दर्पण की तरह है – जिसमें हर पाठक अपना ही कोई भूला हुआ हिस्सा ढूँढ सकता है। ये पन्ने गवाह हैं उन लम्हों के, जो कभी जिए ही नहीं गए! जहाँ शब्द खत्म होते हैं, वहीं से मेरी इबारतें शुरू होती हैं

1. ख़्वाब बनकर आ जाना।

इस जिंदगी की तेज रफतार में,

अगर वक्त तुम्हारा रुकने लगे,

सिर अगर बेवक्त सजदों में झुकने लगे,

मेरी याद अगर आने लगे, बेचैनियों के बढ़ाने लगे,

मुझे याद बनाकर सो जाना,

फिर भी कभी मेरी याद आए तो बस ख़्वाब बनकर आ जाना।

जिंदगी अगर उलझने लगे,

पुराने किस्से सुलझने लगे,

किस्मत सवाल करने लगे,

हालात बवाल करने लगे,

सुकून तलाशना हो अगर,

खुद को तराशना हो अगर,

इन महकी - महकी हवाओं की महक जनाब बनकर आ जाना।

कभी मेरी याद आए तो बस ख़्वाब बनकर आ जाना।

सावन में झूले जब पड़ने लगे,

दिल जन किसी ज़िद पर अड़ने लगे,

जब हमसफर नहीं, हमकदम चाहिए हो,

जब दुनिया छोड़, सिर्फ हम चाहिए हो,

तब मेरे उन बेशुमार सवालों का तुम जवाब बनकर आ जाना,

कभी मेरी याद आए तो बस ख़्वाब बनकर आ जाना।

2. तेरा ज़िक्र

ये ख़्याल आज-कल मुझे सताने लगा है,

मेरी बातों में फिर तेरा ज़िक्र आने लगा है।

वो राह आकर मेरी राहों से टकराती है,

वो जहां याद है हमारी राहें अलग हुई थी।

वो गाना रोज़ाना रात को सुन लिया करती हूं,

जो तुम्हें अक्सर हमारी याद दिलाया करता था,

जो हमें हमारी दुनिया में ले जाया करता था।

वो मेरे महज़ गुस्सा होने से तुम घबराया करते थे,

और दूसरी का नाम ले मुझे फिर और सताया करते थे।

वो लड़ के साथ में, डेरी मिल्क खाया करते थे,

तेरी हर बात को याद करने के बहाने दिल बनाने लगा है,

मेरी बातों में फिर तेरा ज़िक्र आने लगा है।

वो एक नज़र देख जो फ़िदा हो गए थे,

फिर क्या थी वज़ह जो जुदा हो गए थे?

उस समय सोचो अगर ये इत्तेफ़ाक हो जाता,

शिकवे तुम मिटा देते, दिल मेरा भी साफ़ हो जाता।

वो तीसरा फिर न आया होता, तुमने मुझे और न सताया होता।

पर गौर करो वक्त खुद को दोहराने लगा है,

मेरी बातों में फिर तेरा ज़िक्र आने लगा है।

वो बारिशों में भीगते मेरा नज़रें मिलाना,

फिर शर्मा के मुझे बस देखते जाना,

वो दिन एक पल में बीत जाना याद है,

फ़िर तेरा अगली बार का बहाना याद है।
किया जो तुमने बेशक हिम्मत की बात थी,
वस्ल माना बस चलो किस्मत की बात थी।
ये दिल अब इरादों को ज़रा बहकाने लगा है,
मेरी बातों में फ़िर तेरा ज़िक्र आने लगा है।

3. चांदनी की पांच परते

चांदनी की पांच परते,
हर परत की अलग पहली,
सुनसान छत पर मैं खड़ी
सोच रही थी ये अकेली,
पहली परत खुली जब, पाया तुझे करीब मैंने,
बढ़ती सांसें और सुलगे बदन थे,
रातें बनती देखी रक़ीब मैंने।
दूसरी परत मैं नशा तेरा,
बारिशों संग भिगो गया,
बचा कुचा इश्क़ था जो,
वो भी तुझसे हो गया।
तीसरी परत की इबादतों में,
बुझ बैठी मैं तुझे,
तेरे नाम का धागा बांध,
पूज बैठी मैं तुझे।
चौथी परत में तूने मुझे
यूं हलाल कर दिया,
दूरी का अंदाज़ा दिला,
सब बवाल कर दिया।
तेरे जाने को सौगातें,
मैं तो सुनती रह गई।
बातें, यादें बटोर तेरी,
बस ख़्वाब बुनती रह गई।

पांचवीं परत की हदें देखकर,
चाँद भी शर्मा गया,
रोकने को फैसला ये,
खुद वो नीचे आ गया।
लड़ पड़ी अपने चाँद से मैं,
तेरा मैं दर्पण हो गई,
रूह बांध के तुझसे मैं,
तुझे समर्पण हो गई।
अब अक्स देखूं अपना तो,
तेरा रूप अर्चन देता है,
सुना था मैंने प्रेम में पुरुष प्रेमिका को तोहफे में,
अपना बचपन देता है।
चांदनी में, मैं खड़ी,
अब ये ऐलान करती हूं,
जिस्म, जान जो बची है,
तेरे नाम करती हूं।
ख्वाहिशें तेरी सारी पूरी हो,
दुआ का दर मैं बनूंगी,
तू बंजारा बन के देख ले,
"इश", तेरा घर मैं बनूंगी।
चांदनी की पांच परते,
छठी में चढ़ाती हूं,
पता पूछे चांद का कोई,
तो तेरा नाम बताती हूं।

4. वो शाम कुछ...

बारिश की भीगी सड़कों पे पानी अभी सूखा न था,
सफ़र की मंज़िल का कुछ भी पता न था।
सूरज अभी ढला न था, शाम अभी चढ़ी न थी,
जो आसानी से बीत जाए, ये ऐसी घड़ी न थी।
बादल अभी बने हुए थे, बारिश की कुछ आस तो थी,
ढूंढने निकले थे जिसको, तस्वीर उसकी पास तो थी।
मिलने का भरोसा न था, पर टूटने वाली उम्मीद न थी,
शर्माता वो कम नहीं था, हया हम में भी कम न थी।
लिखा था जिस किताब में की इश्क़ करना हराम है,
हुई वही किताब गुम, हमारी कोई साज़िश न थी।
ढल चली थी शाम भी, दीदार अभी हुआ न था,
पर शायद दोनों की किस्मत में, ये सितम लिखा न था।
वो शाम कुछ अजीब थी, कुछ नशा जरूर था,
या यूं कहो हमारा मिलना, किस्मत थी, दस्तूर था।

5. 'शर्त-ए-इश्क़'

शर्त-ए-इश्क तो बस इतनी सी है कि तुम उसे वादे की
हिफाज़त करोगे,
जितनी मोहब्बत मैं करती हूं तुमसे, तुम मुझसे उतनी
मोहब्बत करोगे।
अभी तो सफ़र का इरादा किया है, अभी तो फ़कत रास्ता
चाहती हूं,
टूटे न जो इस ज़माने के डर से, मैं तुझसे वो वास्ता चाहती
हूं।
जितनी दीवानगी मैंने कैद की है, हासिल तुम उतनी ही
वहशत करोगे,
जितनी मोहब्बत मैं करती हूं तुमसे, तुम मुझसे उतनी
मोहब्बत करोगे।
पाकर तुझे दिल और बेताब लगे है, कैसी हकीकत है जो
ख़्वाब लगे है।
खाकर कसम तुम आज ये कह दो कि इस ख़्वाब को न
रूखसत करोगे,
जितनी मोहब्बत मैं करती हूं तुमसे, तुम मुझसे उतनी
मोहब्बत करोगे।
दिल का कारोबार है ये सब तो, दिमाग़ का ऐतबार न करना,
तू मुझे मना लेना, मैं तुझे मना लूंगी, प्यार की लड़ाई में
जीत हार न करना।
मैं भी न तुमसे शिकवा करूंगी, तुम भी न मुझसे शिकायत
करोगे,

जितनी मोहब्बत मैं करती हूं तुमसे, तुम मुझसे उतनी मोहब्बत करोगे।

6. तुम्हें आसमान पसंद है...

तुम्हें आसमान पसंद है, रिझांती होंगी तुम्हें अंतरिक्ष की बातें।

मुझे किताबें पसंद है, जिनसे सीखा मैंने किसी के प्रेम में उनपर अंतरिक्ष वारना।

काफ़ी उलझे हुए हो तुम खुदमें, तुम इंतेज़ार में 'काश!' के हो...

अपनी मंज़िल पता है तुम्हें, फ़िलहाल तुम राहों की तलाश में हो।

दिल खोला होगा तुमने बहुतों के लिए, अब तुम उसपर ताला लगाए बैठे हो!

वो जो एक इंद्रधनुष मौजूद है तुम्हारे अंदर, तुम उसपर रंग काला लगाए बैठे हो।

कैसे देख पाऊंगी मैं ये इंद्रधनुष? शायद बीते वक्त की बरसात से और आने वाले कल के सपनों की धूप से...

हाँ! शायद इन्हीं के मेल से देख पाऊंगी मैं रंग तुम्हारे।

वो रंग जो शायद मेरी कहानी के किरदारों में भी रंग भर दे!

किरदारों से बेहद प्यार है ना तुम्हें?

खुद को कहानीकार कहते हो तुम!

फ़िर तुमने किसी को इस दर्जे के लायक क्यों नहीं बनाया?

किसी को अपनी कहानी का नायक क्यों नहीं बनाया?

अरे हां! ज़िक्र किया था तुमने की डर है तुम्हें उन किरदारों

के छोड़ जाने का,
उनके जाने के बाद भी वो तुम्हारी कहानी के हिस्से रहेंगे
ना?
तुम्हारे शब्दों में उनके किस्से रहेंगे ना?
टूटे हुए हो तुम शायद, अपने ही किरदारों से छले गए हो,
सुनो! तुम कभी करीब आए भी थे मेरे? या सच में दूर चले
गए हो?
शामिल होना चाहती हूं मैं, लेकिन इल्म है मुझे जो दिल
को धड़काती है तेरे, मैं उन आहटों में नहीं आऊंगी!
हां, मन का ख़्याल बन सकती हूं शायद, इश! डर है मेरा,
मैं तेरी लिखावटों में नहीं आऊंगी।

7. बस जाने दो...

पहले बेताब रहता था दिल, अब लगता है बस जाने दो,
सब ठीक ही तो है... कोई भी तो कमी नहीं है,
देखो इन आंखों में अब हल्की से भी नमी नहीं है।
घंटों बातें हुआ करती थी, टहलते - टहलते शामों में,
वो मशरूफ है, हम भी गुम है अब अपने - अपने कामों में।
नए लोग मिले है अब हमको, उसने भी नया कारवां पाया है,
जा के पूछो ज़रा उस से यादों को कहाँ दफनाया है?
मुस्कुराहट कुछ भी नहीं ये, देखो बस एक छल है,
आज को पाने की ख्वाहिश में बीतता मेरा वो कल है,
फ़िर भी दो लफ़्ज़ों की बातें उससे हो जाती है,
करार आता है पर जाने क्यों हक़ीक़त कहीं खो जाती है,
लत नहीं, आदत नहीं, शौक नहीं, मंज़िल है वो।
मुकम्मल होकर भी देखो यारों हमें कहां हासिल है वो,
नींदें देकर ख़्वाब लिए है, अब वापस चैन कमाने दो,
पहले बेताब रहता था दिल, अब लगता है... बस जाने दो।

8. कौन हो तुम? कहां हो तुम?

कौन हो तुम? कहां हो तुम?
तुम कौन हो ये मैं कैसे जानूंगी?
तुम्हें आख़िर मैं कैसे पहचानूंगी?
सुनो, क्या तुम हाथ में एक खत लिए आओगे?
या बस मेरे लिए अपना वक़्त लिए आओगे?
क्या तुम मुझसे यूं राह चलते टकराओगे?
या किसी महफ़िल के कोने में मुझे खोया हुआ पाओगे?
क्या हम गिरती बरसात में मिलेंगे?
या फिर किसी सूनसान रात में मिलेंगे?
क्या तुम्हारा परफ्यूम मुझे कुछ पहचाना सा लगेगा?
या तुम्हारा चेहरा बिल्कुल अंजाना सा लगेगा?
क्या कभी अपनी घड़ी तुम मेरे दुपट्टे में फंसा लोगे.
या किसी भरे क्लब में मेरी हील उठा लोगे?
क्या तुमपर कभी गलती से मैं कॉफी उछालूंगी?
या किसी टपरी पर गलती से तुम्हारी चाय उठा लूंगी?
क्या तुम मुझे किसी ट्रेन के सफ़र में मिलोगे?
या अलग गली, अलग कूचे, अलग शहर में मिलोगे?
क्या ये सपनों के फूल पहले ही खिल चुके है?
सुनो, हम अजनबी है या फिर मिल चुके है?
तुम कौन हो ये मैं कैसे जानूंगी?
इश! तुम्हें आख़िर मैं कैसे पहचानूंगी?

9. मेरे साथ ठहर पाओगे क्या?

मेरी ज़ुल्फ़ों से खेल पाओगे क्या?

मेरी हँसी पे हार जाओगे क्या?

मेरे ताने सुन पाओगे क्या?

फ़िर तुम मुझे मनाओगे क्या?

डार्क चॉकलेट ले आओगे क्या?

वो जब कम मीठी लगेगी... मेरे होंठ से होंठ मिलोगे क्या?

मुझे सपनों में बसाओगे क्या?

बेवजह हंसाओगे क्या? मेरे आंसू पोंछ पाओगे क्या?

सोचती हूं अक्सर मैं ये, तुम मेरे साथ ठहर पाओगे क्या?

लड़ाइयां अपनी मैं लड़ लूंगी, मेरी हिम्मत बन पाओगे क्या?

कंधे से कंधा मिला पाओगे क्या?

मेरी जीत की ख़ुशी हो पाओगे क्या?

मेरे सपनों को सह पाओगे क्या?

मेरे साथ घर बनाओगे क्या?

और जब तक हार कर घर आऊंगी,

मुझे दाल चावल खिलाओगे क्या?

मैं तुम पर फ़िर नज़्में लिखूंगी,

तुम उन्हें गुन गुनाओगे क्या?

सोचती हूं अक्सर मैं ये, तुम मेरे साथ ठहर पाओगे क्या?

नए साल सी ख़ुशी जब नए रिश्ते में नहीं रहेगी, हमारे इश्क़ का जब अक्टूबर होगा,

पतझड़ के उस रूखेपन में भी, हाथ मेरा थाम पाओगे क्या?

रजाई के साथ भी पंखा चलाती हूं, उस ठंड में सो पाओगे
क्या?
मुझे पायल पहनाओगे क्या?
हर लड़की के कुछ सपने होते है,
तुम उनको पंख लगाओगे क्या?
सोचती हूं अक्सर मैं ये, तुम मेरे साथ ठहर पाओगे क्या?

10. चाँद बालियां!

चाँद से कहा मैंने, एक चाँद सा लड़का हो,
जो मेरी चाँद बालियों के पार ना जा सके!
आग हो उसमें मेरे जैसी, दिल में मुझसे ख़्वाब हो,
इश, बेचैनी हो, वहशतपन हो, जब तक मेरा साथ न पा
सके।
इतराया चाँद और पूछा मुझसे, और क्या अदा चाहती हो?
ऊंचा कद हो, मदहोश सी आँखें, दीवानापन, वफ़ा चाहती
हो?
कहा मैने अब गौर करो तुम, वो कैसा होगा बताती हूं,
जो मन में है काया उसकी, वो मैं तुम्हें दिखाती हूं,
कद का अंदाज़ा नहीं है, पर लब तक उसके पहुंचने को, पैर
मैं अपने उचकाऊ।
मैं आह भरूं, वो दिल थामे, वो नज़र मिलाए, मैं शरमाऊं!
बेताबी है मुझ सी ही, हर लहज़ा अपना थाम रखे,
मुझसे हो उसकी खुशियां, अपने ग़म मेरे ही नाम रखे!
मेरी आग संभाले वो, उसमें थोड़ा आ जल सके,
मेरी हसरत, मेरे सपने , उसकी नज़रों में पल सके!
हर उड़ान भरे वो, पर लौट के मुझ तक आ सके,
गोद में मेरी रख के सर, मुझे वो सब बता सके।
सुनो, थोड़ा सा सयाना है, वो जिसकी राह मैं तकती हूं,
एक काले शर्ट में तस्वीर है उसकी, लो तुम्हारे सामने रखती
हूं।
लौट आई चाँद के दर से फिर मैं ये कहके,

चाँदनी बिखेरी जाए और तारों को मद्धम रखे,
ऐसे इत्तिला करे मुझे, जब तेरे आने की खबर महके।

11. हम जैसे तो यार सीने से लगाने के लिए थे।

हैरत है की हम लोग भी ठुकराए हुए है,
हम जैसे तो सीने से लगाने के लिए थे!
तोड़े है हमारे ख़्वाब उन नासमझों ने,
अरे हमारे ख़्वाब पलकों पे बिठाने के लिए थे।
वो जो हमारे नखरों को इतराना समझ बैठे,
अरे हम रूठे ही तुम्हारे मनाने के लिए थे!
जो दहलीज पे मेरी छोड़ गए हो तुम,
वो सपने तो साथ सजाने के लिए थे,
ये तो इत्तेफ़ाक है जो नज़रें चार हुई,
हम आए तो छत पर बाल सूखने के लिए थे।
सारे वादे तोड़ के जाने दो,
ये वादे ताउम्र निभाने के लिए थे।
मेरे लिखे खत यूं धुआं न करो,
ये तो तुम्हारे मुस्कुराने के लिए थे।
ये मेरे रंग है, इश न उतरेगा तुमसे,
ये तो रूह तक जाने के लिए थे।
और सुनो तुम सब! असली सनक मेरी अभी बेपर्दा नहीं है,
ये ग़ज़लें शेर तो सब सुनाने के लिए थे।
हैरत है की हम लोग भी ठुकराए हुए है,
हम जैसे तो यार सीने से लगाने के लिए थे।

12. कब आओगे तुम?

इस कहानी में अब आगे क्या हम करे?
किस जगह धागा बांधे, दुआ हम करे?
कैसे राहें तेरी मेरी दर आएगी,
कब ये तेरी निगाह मेरे घर आएगी?
अपनी तन्हाइयों में भी पा लूं तुझे,
ये बता दे मैं कैसे संभालूं तुझे?
तेरे सपने रखूं मैं फ़िर तकिए तले,
मैं चलूं जब तो मेरे तू संग चले!
ये ज़माना है जान इसके चेहरे कई,
लोग आए बहुत है, ठहरे नहीं।
तू जो आना तो देख फ़िर जाना नहीं,
तुझको पूजा है मैंने सिर्फ़ पाना नहीं।
खींच कर चाँदनी मैं ले आऊं तुझे,
अपने सारे लिखे खत पढ़ाऊं तुझे।
तुझसे शिकवे करूं इस देरी के मैं,
फ़िर गोद में सर रख सुलाऊं तुझे।
अब तो मसला यही है, तू है कि नहीं?
मेरी फ़रियाद तूने सुनी की नहीं?
और सुनी है तो बोलो, कब आओगे तुम?
इश नाम ले मेरा कब बुलाओगे तुम?
ये जो राहें मैं तकती हूं तेरी यहां,
इन राहों को कब महकाओगे तुम?
क्या कहते हो? इस अदा से भी प्यार करना चाहिए?

ठीक है! तुम कहते हो तो शायद, इंतेज़ार करना चाहिए।

13. आंधी!

सुनो तुम ना मुझसे बारिशों में मत मिलना,

क्या है की उस भीगी - भीगी नमी में, हम दोनों फिसल जाएंगे,

शायद कुछ वादे तुम कर दोगे, कुछ अनकहे लफ़्ज़ मुझसे निकल जाएंगे।

ना जाने कैसे आँख लड़ेगी, क्या वादे रात भर होंगे?

उस भीगी भीगी बरसात में हम दोनों ही तो तर होंगे।

तुम अजनबी हो, देखो तुम्हें जानने से मैं ऐसे सीमित रह जाऊंगी,

तुम्हारी हँसी की चमक देखूंगी, तुम्हारे छुपे आंसू नहीं देख पाऊंगी।

उस मंज़र में सांसों की गर्मी दिखेगी, कहां दिखेंगे जो जले हुए दिल होंगे?

हम दोनों ही बहके होंगे, न रास्ते कोई मुश्किल होंगे।

ऐसे में मेरी जान मैं कैसे तुम्हारा ऐतबार करूंगी?

उस रात के बाद तो मैं कैसे ही तुमसे प्यार करूंगी?

हां! मिलने की चाहत हो तो मुझसे तुम आंधियों में टकरा जाना!

मैं हवा सी बनके आऊंगी, तुम बस घर से निकलकर आ जाना!

थोड़ा सा कोहराम मचेगा, थोड़ा सा देखो शोर होगा!

अरे हम - तुम मिल रहे है यार चर्चा तो हर ओर होगा!

उड़ती धूल से लड़कर जब तुम मुझसे मिलने आओगे,

साथ अपने जज़्बातों का एक तूफ़ान लाओगे!
थोड़ा सा फिर कहर उठेगा, थोड़ी सी फिर धूल होगी!
हम दोनों से ही अनजाने में फिर देखो ये भूल होगी।
वो मन्नत मेरी पूरी होगी हो मैंने मंदिरों ने बांधी थी,
क्योंकि मेरे जिस ख़्वाब में हम मिले थे, उसमें बरसात नहीं
थी... आंधी थी।

14. सामान रखा है!

मेरी जान, मेरे पास तेरा कुछ सामान रखा है,
डर मत, जो दर्जा है मेरा तेरी ज़िंदगी में, मैंने पहचान रखा
है।
बस बात ये है, कि मेरे पास तेरा कुछ सामान रखा है।
एक डिब्बे में बंद, तेरे कसमें वादे रखे है,
ऊपर वाली ड्रॉवर में तेरे काले चश्मे सादे रखे है।
और जो भेजना था तुझे, रह गया शायद लिखा हुआ वो
खत बेनाम रखा है,
मेरे पास तेरा कुछ सामान रखा है।
तुझसे गले लगने जैसा सुकून था जिसमें, कैसेट की एक
साइड में वो गाना रखा है,
एक चादर में लपेट कर, तेरा मेरी गोद में सो जाना रखा है,
जाने दिया है तुझे, हां! तेरी यादों को थाम रखा है,
मेरे पास तेरा कुछ सामान रखा है।
किस्मत मेरी देख अब हिसाब पर अड़ी है,
इश याद आया, मेरी एक किताब भी तो तेरे पास पड़ी है।
इस गोल रास्ते पर चलते चलते फिर टकराने को,
एक दिन मैंने तेरे नाम रखा है!
सुनो! मेरे पास तेरा कुछ सामान रखा है।

15. याद नहीं क्या क्या देखा था...

याद नहीं क्या क्या देखा था, हुई सहर सब भूल गए।
जिन गलियों में भटके संग, वो कूचे, शहर भूल गए।
तेरी बाहों के जाल में गुम थे हम मदहोश भी थे,
कैद रहा तू नज़रों में, जाने कैसे ऐसा मंज़र भूल गए!
याद नहीं क्या क्या देखा था, हुई सहर सब भूल गए।
रोशनी का लाल रंग था उलझी उंगलियां याद है,
कान में कुछ कहा तुमने फिर क्या हुआ असर भूल गए।
याद नहीं क्या क्या देखा था, हुई सहर सब भूल गए।
हवा महकी नज़र बहकी कदम झूमे, ये अंदाजे तो ठीक है,
तू भी तो था नज़दीक मेरे, कैसे तुझको दिलबर भूल गए?
याद नहीं क्या क्या देखा था, हुई सहर सब भूल गए।
वो कुछ तरीके जो तुझको सताने के सोचे थे, मिली नज़र
तो भूल गए,
कुछ बंदिशों से आज़ाद है जो जिसमें अक्सर मिलते हो,
हम भी अपने ख़्वाब वो तेरी आंखों में रखकर भूल गए!
याद नहीं क्या क्या देखा था, हुई सहर सब भूल गए!

16. अजनबी

एक मोड़ पे मिले थे तुम, वो मोड़ मेरे सफ़र का था,
साथ लिए जो चल रही थी, मसला बस एक घर का था।
अजनबी मिले थे तुम, अजनबी ही नाम रखा,
तेरी मौजूदगी में लगा, मुश्किल नहीं सुकून को पाना,
तुमसे मिलकर जाना मैंने, इंसान का घर हो जाना।
अपनी किताबों से जोड़ा तुमको, अपने खत तुम्हारे नाम किए,
मेरी हद्द ने सोचे ना थे, वो सारे भी काम किए।
तेरे ख़्वाब से दिन शुरू, तेरी हर एक रात करी,
और क्या दलील मैं दूं, अपने चाँद से तेरी बात करी।
तेरी बातें मान कर मेरा हर आंसू रुका,
मंदिर में धागा बांध कर तेरे नाम पे सर झुका।
तेरे साथ ही देखा मैंने, वो सपना घाट पे जाने का,
बस इतना सा सपना था मेरा साथ एक घर बनाने का।
तेरी पहल के इंतेज़ार में जाने कितने बरस गए,
कतरा कतरा हम तेरे छूने को भी तरस गए।
तेरी हर एक जीत को अपने गले का हार किया,
और बता कैसे लिख दूं कितना तुझसे प्यार किया।
इश चलो लिख कर भूल जाती हूं, सोच लूंगी कोई ख़्वाब देखा है,
जिसकी राह में हमने फूल बिछाने थे, उसके हाथ में किसी और का गुलाब देखा है।

17. एक ऊंचा सा झूला था...

एक ऊंचा सा झूला था, हर खाने में तुम से चेहरे थे,
नीचे खड़ी मैं समझी नहीं, ये राज़ जो इतने गहरे थे।
चढ़ी एक डिब्बे पर मैं, तुझे पाने की आस में,
थोड़ी उम्मीद, थोड़ा डर, और एक सपना था मेरे पास में,
हर डिब्बे में तुझ सी शक्लें, तुझ सी आँखें दिखती रही,
मैं मासूम उन सब आंखों पर कुछ न कुछ लिखती रही।
तेज़ हुआ झूला और मेरी सांसें बढ़ गईं,
देखते ही देखते मैं सबसे ऊपर चढ़ गई।
ऊपर जाकर वो झूला रुका, सब ख़्याल बवाली हो गए,
एक एक करके नीचे के सब डिब्बे खाली हो गए।
पर तू तो उतरा नहीं? तू था वहां या था नहीं?
इस गोल झूले में फंस गई मैं, देखो बेवजह घूमती रही,
तेरी काया को जान रोशनी चूमती रही।
कूद गई मैं झूले से! देखो कहां कहानी आ पहुंची?
मैं गिरती रही और गिरती रही, गहरे पानी में जा पहुंची।
एक हाथ दिखा अंधेरे में, तू ही शायद नाव में था,
जिसे ढूंढा झूले की हलचल में, वो पानी के ठहराव में था।

18. सोचो ज़रा...

सोचो ज़रा कैसा होता, वो ख़्वाब अगर सच हो जाता,
मैं तुझमें कहीं गुम होती, तू मुझमें कहीं खो जाता।
बदली छटे देखूं तुझे, सहर में तू नज़र आए,
किस्मत मेहरबां हो अगर, तेरे आने की ख़बर आए।
ये शौकियां, ये हवाएं कहे, ये सावन भी सपने पिरो जाता,
सोचो ज़रा कैसा होता, वो ख़्वाब अगर सच हो जाता,
मैं तुझमें कहीं गुम होती, तू मुझमें कहीं खो जाता।
जुड़ी मंजिलें तो है मगर, अलग ये दो रस्ते हुए,
तू खफा मेरे मुझसे मेरे लिए हुआ, हम जुदा तेरे वास्ते हुए।
ये रातें तो होती यूं काली मगर, नूर चाँद का सो जाता,
सोचो ज़रा कैसा होता, वो ख़्वाब अगर सच हो जाता,
मैं तुझमें कहीं गुम होती, तू मुझमें कहीं खो जाता।
यूं नज़रें बिछाए बैठे है, यूं आँखें टिकाए बैठे है,
तू अपनी क्या बात करता है, हम खुद को भुलाए बैठे है।
ये इशारा महज़ इत्तेफ़ाक नहीं, होना होता मिलन अबतक हो जाता,
सोचो ज़रा कैसा होता, वो ख़्वाब अगर सच हो जाता,
मैं तुझमें कहीं गुम होती, तू मुझमें कहीं खो जाता।

19. तुम कोई भी हो सकती हो लाखों में...

सुनो, मैं न एक खत लिख रही हूं तुम्हें,

हां तुम्हें मैं जानती नहीं, तुम कोई भी हो सकती हो लाखों में,

पर मैंने न तुम्हारा अक्स देखा, जब देखा है मैंने उसकी आंखों में।

अपनी गोद में सुला कर भी, मैंने उसके ख़्वाबों पर तुम्हारा पहरा देखा है,

जब भी देखा है मैंने उसे बादलों को देखते, मैंने उसे ढूंढ़ते तुम्हारा चेहरा देखा है।

तुम्हारी नादानियों का वो आज भी ज़िक्र किया करता है,

तुम जानती हो या नहीं, पर वो तुम्हारी आज भी फ़िक्र किया करता है।

आज भी तुम्हारे टूटे झुमके का नग, वो जेब में छुपाए घूमता है,

आज भी वो तुम्हारा फेवरेट परफ्यूम लगाए घूमता है।

आज भी तुम्हारा नाम उठे, तो सर उसका थोड़ा झुक जाता है,

आज भी तुम्हारे ख़्याल से वो, काम करते करते रुक जाता है।

आज भी जब टूट जाए तो वो बस तुम्हारा हाथ चाहता है,

हां, सफ़र मेरे साथ शुरू किया है उसने, इश! पर वो चलना तुम्हारे साथ चाहता है।

और ये खत लेने के बहाने से न, सुनो! तुम एक बार मिल
लेना उससे,
क्योंकि मैं तो तुम्हें जानती नहीं, तुम कोई भी हो सकती हो
लाखों में,
पर क्या है न, मैंने तुम्हारा अक्स देखा, जब देखा है मैंने
उसकी आंखों में।

20. आ फ़िर लौट चलें...

आ ज़िंदगी फ़िर लौट चले उन गलियों में,

जहां बचपन बिताया था, जहां कच्चे ईंटों से घर एक बनाया था।

आ ज़िंदगी फ़िर लौट चले उन गलियों में,

जहां कड़कती धूप भी हमें घर में न रोक पाती थी,

दिन से खेलते - खेलते जाने कब शाम हो जाती थी।

वो बारिशें भी वहां क्या खूब बरसती थी,

जहां सर्दियों में सोते सोते सपना हसीन सजाया था,

आ ज़िंदगी फ़िर लौट चले उन गलियों में, जहां बचपन बिताया था।

वो शाम की हवाएं भी जहां लोरियां सुनाती थी,

पूरे मोहल्ले के किस्से सहेलियां सुनाती थी।

जहां रात होने पर डर लगने लगता था,

जहां भूतों का किस्सा दिल में घर करने लगता था।

माँ के सो जाने के बाद, पापा कहानियां सुनाते थे,

दुनिया की हक़ीक़तें वो हमें बताते थे।

'जो काम करोगे वो तुम तक लौटकर आएगा' जहां दादी ने सिखाया था,

आ ज़िंदगी फ़िर लौट चले उन गलियों में, जहां बचपन बिताया था।

गेट बंद होने पर पार्क की दीवार फांद जाते थे,

मिलते ही नए लोगों से, दोस्ती का रिश्ता बांध जाते थे।

गर्मियों की सारी छुट्टियां, हम साथ बिताते थे,

होमवर्क करते - करते, वहीं सो जाते थे।
जहां शरारतों से हमने सबको सताया था,
आ ज़िंदगी फ़िर लौट चले उन गलियों में, जहां बचपन
बिताया था।

21. तू किस्सा वो पुराना है...

जो अक्सर याद आता है, तू किस्सा वो पुराना है,
कहां हम तुम है पहले से के गुज़रा वो ज़माना है।
तेरी मासूमियत पर एक रोज़ जो दिल ये आया था,
हर वादे को अपने तूने मुकम्मल निभाया था।
देख न यार आज फ़िर तुझे पुकार रही हूं मैं,
जो शिकायतें कर ना पाई, उन्हें कागज़ पर उतार रहीं हूं मैं।
वो मुझको देख खिड़की से तेरा हल्के से मुस्काना,
वो देखना रास्ता मेरा अकेले टैप पे रोज़ाना।
नादान सिलसिला था तेरा चिढ़ने और चिढ़ाने का,
वो ख़ामोश रहकर भी तेरी आंखों का हर बात कह जाना,
मुझसे रूठकर फ़िर बस मुझको गले लगा लेना,
उसी पल में सावन का बरसना याद आता है।
के मसला है के हम तुम अब इश बात नहीं करते,
अचानक तुझसे मिलने को तरसना याद आता है।

www.ingramcontent.com/pod-product-compliance
Lightning Source LLC
Chambersburg PA
CBHW020518160726
47991CB00007B/3020